AF452189

NOTICE ABRÉGÉE

DES

COLLECTIONS

DONT SE COMPOSE

LE MUSÉE DE L'ARTILLERIE.

NOTICE ABRÉGÉE

DES

COLLECTIONS

DONT SE COMPOSE

LE MUSÉE DE L'ARTILLERIE.

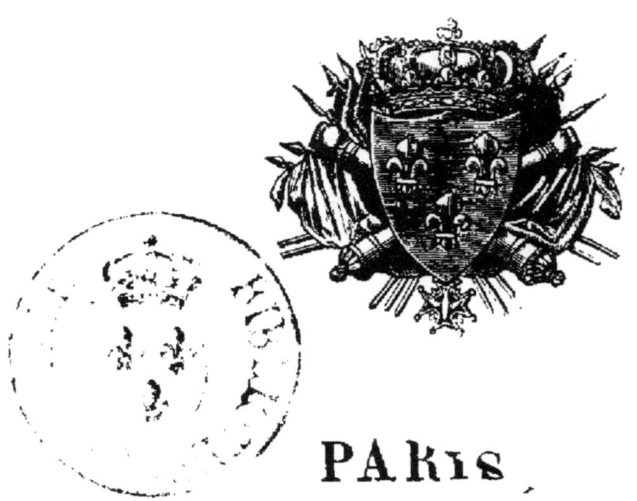

PARIS

IMPRIMERIE DE FAIN, RUE RACINE, No 4,

PLACE DE L'ODÉON.

1825.

Plan du Musée d'Artillerie

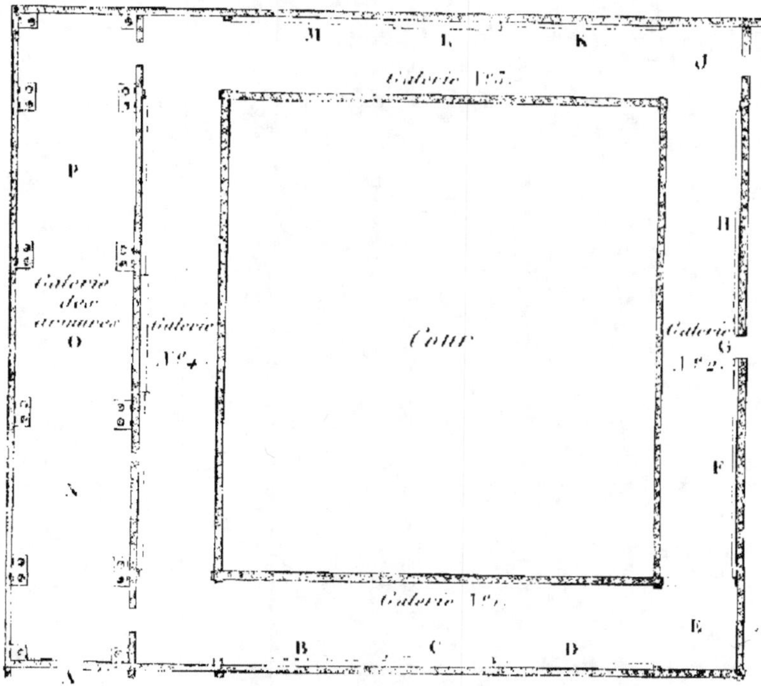

A. Porte principale.
B. Première partie du ratelier.
C. Armoire
D. Deuxième partie du ratelier.
E. Retour
F. Première partie du ratelier.
G. Petite porte.
H. Deuxième partie du ratelier.

J. Retour.
K. Première partie du ratelier.
L. Armoire.
M. Deuxième partie du ratelier.

Galerie des armures.
N. 1ère Travée
O. 2ème Travée.
P. 3ème Travée.

NOTICE ABRÉGÉE

DES

COLLECTIONS

DONT SE COMPOSE

LE MUSÉE DE L'ARTILLERIE.

Les collections du musée occupent cinq galeries, dont une d'anciennes armures, et quatre d'armes, de modèles d'armes, de machines et instrumens servant à l'artillerie, etc. (Voir le croquis ci-contre pour l'intelligence de la position respective des galeries et des détails de l'arrangement intérieur.)

La galerie des armures se trouve, d'après l'ordonnance de sa colonnade, partagée en trois travées : la première, près la porte principale, présente les armures des chevaliers morts entre 1589 et 1715, c'est-à-dire, depuis le commencement du règne de Henri IV jusqu'à la fin de celui de Louis XIV : dans la seconde sont placées les armures des chevaliers qui ont vécu dans le siècle de François Ier., entre 1500 et 1589; la troisième, vers le fond, reçoit les armures des chevaliers morts avant l'an 1500.

Dans les galeries n°. 1, 2 et 3 règne un ratelier d'armes garni sur deux rangs d'armes portatives, longues, à feu et à vent, anciennes et modernes. Les armes à feu courtes sont suspendues au mur dans les retours entre ces deux galeries. Ce qu'il y a de plus précieux en armes tant anciennes que modernes est renfermé dans deux armoires vitrées établies au milieu des galeries n°. 1 et n°. 3.

Dans ces mêmes galeries, du côté des croisées, règne une suite de tables présentant des modèles de bouches à feu, d'affûts, de voitures, de machines, d'instrumens, etc.; sur le parquet, sous le porte-crosse du ratelier, sont placés les modèles d'une forte proportion.

Sur les murs entre deux des croisées sont placés des tableaux présentant des assortimens d'instrumens de fabrication ou de vérification, ou bien des détails de construction pour divers articles de manufactures, etc.

GALERIE

PREMIÈRE.

Louis XIV, roi de France. — Mort en
1715.

A DROITE.

1. Raimond de Montécuculi, général des
armées impériales. — Mort en 1680.

3. Wolfgang de Neubourg. — Mort en
1685.

5. Mathieu Galas, général des armées
impériales. — Mort en 1647.

7. Le maréchal de Vitri. — Mort en
1644.

9. Louis de Nogaret, duc d'Épernon, colonel général de l'infanterie française. —
Mort en 1642.

11. Frédéric V, électeur palatin, roi de
Bohème. — Mort en 1632.

DES ARMURES.

TRAVÉE.

Cette belle armure, fabriquée à Brescia en 1668, est un présent de la république de Venise au roi de France.

A GAUCHE.

2. Ernest Auguste de Brunswick, électeur de Hanovre. — Mort en 1698. — L'armure est en cuivre rouge doré.

4. Le maréchal de Turenne. — Tué près de Saltzbach le 27 juillet 1675.

6. Le maréchal Fabert. — Mort en 1662.

8. Frédéric Maurice, dernier prince de Sédan. — Mort en 1652.

10. Lamboy, général des armées impériales. — Mort en 1650.

12. Elisabeth de Nassau, mère du maréchal de Turenne. — Morte en 1642.

A DROITE.

13. Le maréchal de Thémines. — Mort en 1627.

15. Henri de la Tour, père du maréchal de Turenne. — Mort en 1623.

17. Le maréchal d'Ornano. — Mort en 1610.

19. Le chevalier Pierre Bruner, Suisse qui servit sous les rois de France, de Henri II à Henri IV. — Mort en 1608.

21. Le maréchal de Retz. — Mort en 1602.

23. Le maréchal Guillaume de Joyeuse. — Mort en 1592.

25. Le maréchal de Biron. — Tué au siége d'Épernai en 1592.

A GAUCHE.

14. Le comte de Soissons. — Tué à la bataille de la Marfée en 1641.

16. Le connétable de Lesdiguières. — Mort en 1626.

18. Le brave Crillon. — Mort en 1615.

20. Le duc de Mayenne, chef de la ligue. — Mort en 1611.

22. Le maréchal Jean de Montluc Balagni. — Mort en 1603.

24. Charlotte de la Marck, dame de Bouillon. — Morte en 1594.

26. Alexandre Farnèse, duc de Parme. — Mort en 1592.

Sur un cippe, entre la pre

L'épée de Henri IV et des restes d'une belle armure de ce monarque.

DEUXIÈME

François Iᵉʳ., roi de France. — Mort en 1547.

A DROITE.

27. Le maréchal Honorat de Savoie. — Mort en 1580.

29. Françoise de Bourbon, veuve de Henri Robert de la Marck.—Morte en 1580.

51. Le maréchal François de Montmorency. — Mort en 1579.

53. Henri Robert de la Marck. — Mort en 1574.

55. Louis I, prince de Condé, oncle de Henri IV. — Tué à la bataille de Jarnac en 1569.

mière et la deuxième travée.

Savoir : un casque, deux bouts de brassarts et une collerette.

TRAVÉE.

L'armure est montée sur un cheval bardé.

A GAUCHE.

28. **Henri duc de Guise, le Balafré.** — Tué à Blois en 1588.

30. **Guillaume de la Marck, comte de Lumain.** — Mort en 1578.

32. **Charles IX, roi de France.** — Mort en 1574.

34. **Montgomery.** — Mort en 1574.

36. **Le maréchal Gaspar de Saulx de Tavannes.** — Mort en 1573.

37. Le connétable Anne de Montmorency. — Mort en 1567.

39. Le maréchal Pierre Strozzi. — Mort
en 1558.

41. Robert IV de la Marck, maréchal
de France. — Mort en 1556.

43. Philippe II, comte palatin. — Mort
en 1548.

45. Robert III de la Marck, maréchal
de France. — Mort en 1537.

47. Robert II de la Marck. — Mort
en 1535.

49. Le chevalier Bayard. — Tué à la retraite de Rebec en 1524.

51. Louis XII, roi de France. — Mort
en 1515.

Cette belle armure, qui vient de la galerie de Sédan, y portait le nom de *l'armure
aux lions.*

A GAUCHE.

38. Le maréchal de Bourdillon. — Mort en 1567.

40. Le maréchal de Thermes. — Mort en 1562.

42. Le maréchal Oudart du Biez. — Mort en 1553.

44. Le maréchal Réné de Montejean. — Mort en 1538.

46. Le maréchal Théodore Trivulce. — Mort en 1531.

48. Le connétable de Bourbon. — Tué devant Rome, en 1527.

50. Le maréchal Jacques de Chabannes de la Palice. — Tué à la bataille de Pavie, en 1525.

52. D'Imbercourt. — Tué à la bataille de Marignan, en 1515.

Sur un cippe, entre la deuxième

Un casque de forme moresque, à timbre
arrondi ; très-orné.

TROISIÈME

Godefroy de Bouillon, roi de Jérusalem.
— Mort en 1099.

A DROITE.

53. Robert Iᵉʳ. de la Marck. — Mort
en 1489.

55. Jean de Bourbon, connétable. — Mort
en 1487.

57. Louis XI, roi de France. — Mort
en 1483. (Cette armure porte la devise de
ce roi : *O mater Dei, memento mei.*)

et la troisième travée.

On croit qu'il a fait partie de présens donnés à saint Louis par le soudan d'Égypte, vers le milieu du treizième siècle.

TRAVÉE.

Cette belle armure vient de l'ancienne galerie de Sédan, où elle fut apportée de Bouillon par Évrard de la Marck, en 1440.

A GAUCHE.

54. Charles VIII, roi de France. —Mort en 1498.

56. Le maréchal Philippe de Crevecœur. — Mort en 1494.

58. Louis XI, roi de France. — Mort en 1483. (Cette armure porte la même devise que celle du n°. précédent.)

A DROITE.

59. Jacques III d'Armagnac, duc de Nemours, comte de la Marche. — Mort en 1477.

61. Charles le Téméraire, duc de Bourgogne. — Tué devant Nancy en 1477.

63. Évrard III de la Marck. — Mort en 1460.

65. Jeanne d'Arc, la pucelle d'Orléans. — Morte en 1431.

67. Jean sans Peur, duc de Bourgogne. — Tué à Montereau en 1419.

69. Louis, duc d'Orléans, comte de Valois, aïeul de Louis XII. — Tué vieille rue du Temple, en 1407.

71. Jacques Ier. de Bourbon, comte de la Marche, connétable. — Tué à Brignais en 1361.

73. Un croisé des comtes de Waldeck. (Portant la devise de cette maison : *à Dieu seul l'honneur*.)

75. Un croisé de la même maison. (Même devise).

A GAUCHE.

60. Le maréchal Jean, bâtard d'Armagnac, dit l'Escun. — Mort en 1473.

62. Charles, duc d'Orléans, père de
Louis XII. — Mort en 1465.

64. Charles VII, roi de France. — Mort
en 1461.

66. Le maréchal Philippe de Culant. —
Mort en 1451.

68. Le maréchal Jacques de Montbron.
— Mort en 1422.

70. Le connétable Louis de Sancerre. —
Mort en 1402.

72. Le maréchal de Boucicaut, Ier. du
nom. — Mort en 1367.

74. Louis Ier, duc de Bourbon. — Mort
en 1341.

76. Un croisé des comtes de Waldek
(avec la devise de la maison).

77. Roland, fils de Berthe, neveu de Charlemagne. — Tué à la bataille de Roncevaux, en 778.

(Cette armure vient de Sédan, où elle portait ce nom.)

A droite et à gauche de la porte principale. Deux armures très-pesantes qui étaient des armures des juges de tournois.

À GAUCHE.

78. Renaud de Montauban, cousin de Roland. — Tué à Roncevaux.

(Armure ainsi désignée dans l'ancienne galerie de Sédan.)

GALERIE N°. I.

1. Armures de main des anciens chevaliers : savoir :

Marteaux d'armes.

Masses d'armes.

Fouets d'armes ou scorpions.

Fléaux d'armes.

Javelots.

Haches d'armes.

Pertuisanes.

Épées à deux mains.

Espadons à deux mains.

Fleurets d'espadon à deux mains.

Anciennes épées.

Anciens cimeterres.

2. Armes de jet, antérieures aux armes à feu : savoir :

Arcs en acier.

Arbalètes.

Cranequins, pieds-de-biches et autres instrumens servant à tendre les arcs d'arbalète.

3. Une ancienne coulevrine, en bronze, portant la date de 1570.

2°. PREMIÈRE PARTIE DU RATELIER D'ARMES

Anciennes armes portatives à feu.

Premier rang, ou rang inférieur, sur le devant du ratelier.

1 à 4. Poitrinals à mèche; ce qu'il y a de plus ancien dans les armes portatives à feu; ils remontent, en France, au règne de Louis XI.

5 à 11. Anciennes arquebuses à mèche.

12 à 15. Anciens mousquets, à mèche, de soldat.

16 à 20. Anciens mousquets à mèche de soldat d'infanterie sous le règne de Louis XIII et de Louis XIV; ils viennent

de l'ancien arsenal de Paris, et portent sur
le canon : *magasin royal.*

21. Grand fusil turc à mèche, bouche
en tulipe, canon damasquiné, avec in-
scriptions arabes.

22. Belle carabine à mèche, de 1687, à
double détente.

23 à 27. Arquebuses à rouet et à mèche.
Une d'elles porte la date de 1592.

28. Fusil français à rouet et à mèche;
canon très-long.

29 à 68. Carabines allemandes à rouet;
platine présentant tout le mécanisme en
dehors; presque toutes sont d'un très-petit
calibre et ont le fût très-orné.

69. Carabine allemande à rouet, canon
très-long; platine gravée.

70. Fusil à rouet, canon très-long, portant la date de 1628.

71 à 84. Carabines allemandes à rouet;
une porte, sur le canon, la date de 1616
une autre la date de 1579.

Second rang, ou rang supérieur, le plus près du mur

1 à 2. Anciens petits fusils à mèche, à trois canons.

3 à 4. Anciens fusils à mèche, à tambour.

5. Fusil à mèche, à deux canons.

6. Fusil italien à mèche, à deux serpentins.

7 à 9. Anciens fusils à mèche.

10 à 13. Anciennes arquebuses à mèche.

14 à 15. Anciens mousquets à mèche de soldat.

16 à 19. Fusils turcs à mèche.

20. Petit fusil à rouet et à mèche.

21. Ancien tromblon à rouet; canon en cuivre.

22 à 24. Anciennes arquebuses à rouet; l'une porte la date de 1594.

25. Ancien fusil à rouet, portant sur le côté droit une colonne creuse, percée de trous dans sa longueur.

26. Ancien fusil à deux coups; canons l'un sur l'autre; platine à deux rouets.

27. Ancienne sarbacane, canon de bois couvert d'une feuille de cuivre jaune. (Dégradée.)

28 à 3o. Anciennes carabines à rouet; canons en cuivre.

3i à 7o. Carabines allemandes à rouet de différentes espèces; une porte la date de 1624, d'autres, celles de 1632, 1661, 1672, etc.

3°. ARMOIRE VITRÉE.

(Cette armoire, ainsi que celles des autres galeries, est à trois corps, fermés par autant de portes vitrées. Les articles sont cotés, dans chaque corps, par une série particulière de numéros croissant à partir du bas en allant vers le haut.)

Corps d'armoire de droite.

1 à 2. Une épée de connétable (on croit que c'est celle de Duguesclin) avec le fourreau parsemé de fleurs de lis en cuivre

doré. (Manque le petit bout du fourreau.)

3. Belle épée à l'espagnole; poignée richement sculptée en acier bruni; fonds dorés; c'est un des ouvrages du *Benvenuto Cellini;* apportée de Naples par le général Éblée. On croit qu'elle a appartenu à Lannoy, vice-roi de Naples du temps de Charles-Quint.

4. L'épée de *François Ier.;* poignée en croix, émaillée, avec ornemens en or, parmi lesquels on distingue des salamandres; sur la garde on lit, en lettres émaillées, *Fecit potentiam (sic) in brachio suo.*

5. Une ancienne épée; poignée en cuivre fondu, présentant un beau groupe de sculpture; sur la lame sont les armes de la maison *d'Est.*

6. Ancienne épée à l'espagnole; coquille couverte d'ornemens en chaînettes argentées; on croit qu'elle a appartenu à *Louis Ier. prince de Condé.*

7. Épée de Louis XIV; poignée en acier ciselé. Cette épée était jointe à l'armure

donnée à ce monarque par la république
de Venise en 1668.

8. Une ancienne carabine à rouet à deux
coups avec un seul canon; deux rouets,
deux chiens, incrustations d'ivoire.

9. Un ancien mousquet à mèche, d'un
très-beau travail, portant sur la plaque de
couche les armes de Louis XIII.

10. Une ancienne carabine à rouet; fût
richement incrusté d'ivoire.

11. Une belle carabine à rouet; fût pla-
qué en ivoire avec ornemens incrustés;
canon très-richement ciselé.

12. Une carabine à rouet avec de très-
belles incrustations d'ivoire.

13. Un très-beau mousquet à mèche;
canon chargé, le long du tonnerre, de
médaillons ciselés, et présentant, dans le
reste de sa longueur, une colonne cannelée
avec son chapiteau; sur la plaque de couche
sont les armes du *cardinal de Richelieu*.

14. Une carabine à rouet; fût en beau

bois couvert de sculpture représentant des chasses.

15 à 16. Une paire d'anciens pistolets à rouet, la monture entière en fer relevé en bosse et ciselé.

17. Une grande épée du quinzième siècle; quillons longs et recourbés vers la pointe.

18. L'épée de *Louis XI*, lame ondoyante portant *l'ave Maria*.

19. Une grande épée entièrement semblable à celle du n°. 17.

20. Un joli bouclier fait d'écaille de tortue ; demi-transparent.

Corps d'armoire du milieu.

1 à 2. Une paire d'anciens étriers en fer poli.

3 à 4. Une belle paire d'anciens étriers à la moresque, en fer découpé à jour et ciselé ; donnée au musée par le général Éblé. On croit qu'ils sont du treizième siècle.

5. Un ancien poignard italien, qui se divise, à volonté, en trois branches, par le moyen d'un bouton qui agit sur deux ressorts à paillettes.

6. Un ancien poignard italien à lame percée à jour d'une infinité de petits trous.

7. Une cuirasse en fer ciselé ébauchée à droite, finie à gauche. C'est un ouvrage du *Benvenuto Cellini*.

8. Une ancienne poire à poudre en ivoire sculpté.

9. Une ancienne petite poire à poudre en fer, d'un joli travail.

10. Une belle carabine à rouet; fût richement incrusté en ivoire; se chargeant au tonnerre au moyen d'un dé; le rouet se remontant par le mouvement du chien : canon damasquiné.

11. Une jolie carabine à rouet, avec des arabesques en ivoire incrustées sur la crosse; canon damasquiné.

12. Une ancienne carabine à rouet, couverte d'ornemens en nacre.

13. Un très-beau *poitrinal* à rouet; platine brunie, le fût chargé de belles incrustations d'ivoire; canon richement damasquiné en or et argent.

14. Une petite carabine à rouet chargée d'incrustations d'ivoire.

15. Une petite carabine à rouet à deux coups; belle incrustation en nacre.

16. Une carabine à rouet se chargeant au tonnerre. (Le dé manque.)

17. Un grand bouclier en cuir, verni en laque du Japon, avec ornemens dorés.

Corps d'armoire de gauche.

1 à 2. Une paire d'anciens pistolets à rouet, portant sur le canon la date de 1579; monture terminée par un pommeau sphérique, entièrement couverte d'incrustations en ivoire : on croit qu'ils ont appartenu au roi de France Henri III.

3 à 4. Une autre paire de pistolets, sans date, mais semblables aux précédens et sans doute de la même antiquité.

5 à 6. Une autre paire de pistolets à rouet de la forme des précédens; mais les ornemens sont d'un genre différent : les canons sont damasquinés.

7 à 8. Une paire d'anciens étriers en fer poli.

9. Un pistolet à rouet sur un poignard, avec une poignée d'épée.

10. Un très-ancien fusil à rouet, canons à pans, bruni et orné de ciselures; le fût en bois noir; la crosse sculptée en ronde bosse.

11. Un beau fusil italien à rouet, canon portant le nom de *Columbo*; belle platine à deux chiens.

12. Un beau fusil italien à rouet; canon de *Lazarino*, platine à deux chiens.

13. Un très-beau fusil à rouet; garniture d'un riche travail en acier repercé et ciselé. L'arme est de forme italienne et remonte vers 1550.

14. Un beau fusil à rouet, garni en acier gravé et ciselé. Sa forme, qui se

rapproche du précédent autorise à le re-
porter à la même époque.

15. Un beau fusil à rouet français de
Louis XIII.

16. Un beau fusil français à rouet ; platine brunie ; tringle de mousqueton ; de
Louis XIII.

17. Une hache d'arme portant un pistolet à rouet.

18. Un sabre portant un pistolet à
rouet.

19. Un large poignard italien dit *miséricorde*.

20. Une autre *miséricorde*.

21. Une épée ; poignée en acier, richement sculptée : on lit sous les branches
de la garde *Petrus Ancinus Reggio* 1553.

22. Une épée ; poignée en acier cadrillé :
la lame présente d'un côté le médaillon de
Jean Georges, électeur de Saxe, et de l'autre, celui de l'empereur *Ferdinand* II.

23. Rondelle à poing, concave du côté
opposé à la poignée ; la concavité, hérissée

de pointes d'acier présente au centre un cul de lampe terminé par un manche d'acier; autour de ce cul-de-lampe, parmi des feuillards dorés on distingue les armes d'Angleterre et de France et trois roses, ce qui autorise à attribuer cette rondelle au comte de Richemont qui devint en 1485 roi d'Angleterre sous le nom de *Henri VII*.

24. Une ancienne arbalète; arc d'acier; monture en ébène joliment sculptée, avec montures métalliques damasquinées en or : cette belle arme a été donnée au musée d'artillerie par madame la marquise de Clermont-Tonnerre, née Carvoisin, à qui elle était parvenue d'un de ses ancêtres, Jean de Carvoisin, premier écuyer sous François Ier., et sous Henri II, chevalier de l'ordre du roi, capitaine d'une compagnie de cent hommes d'armes et gouverneur du Pont-de-l'Arche.

4°. SECONDE PARTIE DU RATELIER D'ARMES DE LA MÊME GALERIE.

Continuation des anciennes armes portatives à feu.

Premier rang.

1 à 40. Carabines allemandes, à rouet, crosses droites, fûts plus ou moins ornés en incrustations de nacre, d'ivoire, de corne colorée. On y trouve des dates depuis 1589 jusqu'à 1700. Elles ont la plupart des platines gravées et des doubles détentes.

41 à 58. Carabines allemandes, à rouet, crosses presque droites; belles platines gravées ou ciselées, garnitures en cuivre doré; elles ne remontent guère au-delà de 1700.

59 à 73. Gros fusils à rouet, canons longs et épais. La plupart des platines sont unies et bronzées; les fûts sont peu ornés : il y en a à la date de 1615.

74 à 79. Carabines à rouet, platines unies, fûts peu ornés.

80. Très-ancien fusil italien, à rouet, à deux chiens; tout le mécanisme en dehors, le fût recouvert d'ornemens en fer découpé et ciselé. Sur le canon, qui est à pans, on lit *Ventura Cani.*

81 à 84. Anciens fusils français, à rouet, belles platines et beaux bois.

Second rang.

1. Carabine allemande, à rouet, canon long, petit calibre, portant la date de 1504.

2. Carabine allemande, à rouet, canon et platine damasquinés en or, fût couvert d'ornemens en nacre et cuivre doré incrustés.

3 à 54. Carabines allemandes, à rouet, avec des fûts la plupart ornés d'incrustations d'ivoire. On y trouve les dates de 1621, 1666, etc.

55. Carabine à rouet, canon rond, avec âme exactement carrée.

56 à 58. Carabines à rouet, ordinaires.

59. Carabine dont le rouet se remonte par le mouvement du chien, fût entièrement recouvert en bois de cerf.

60 à 67. Carabines allemandes, à rouet, courtes.

68 à 70. Anciens fusils italiens, à rouet.

5°. TABLES DE LA MÊME GALERIE.

Première table.

Petits modèles de l'artillerie française, sous le règne de Louis XIV, vers le commencement.

Cette collection fut faite pour l'instruction du grand-dauphin. Toutes les pièces, excepté les deux de 6, portent, sur le premier renfort, un cartouche ciselé aux armes du dauphin, et, dans une gorge creusée au milieu de la plate-bande de culasse, *Goss. Mich. Wolff. Hieronimus herolde in Nurnberg* 1663.

Deuxième table.

1. Modèles d'anciennes pièces à chambre sphérique : Sur l'une, autour du ventre, on lit : *Berenger de Falize, fecit Duaci* 1694.

2. Modèles de pièces de campagne de la fin du règne de Louis XIV, et d'après l'ordonnance de 1732, montées sur leurs affûts.

3. Modèles d'anciens affûts; savoir : affût de place, à roulettes pleines, dit *affût à la Vauban*; affût de *contrescarpe*, et affût à un seul flasque, destiné pour le tir des bombes à ricochet.

Troisième table.

Modèles de mortiers et pierriers, d'après l'ordonnance de 1732, et modèle de mortiers plus anciens, français et étrangers.

Quatrième table.

Modèles de pièces dites *à orgues*. Ce sont des bouches à feu à plusieurs âmes, des bouches à feu accolées sur un même affût, des pièces qui réunissent des bouches à feu de différentes espèces, etc. Ces projets sont du commencement de l'autre siècle, et la plupart sont décrits et gravés dans les anciennes éditions des *Mémoires de Saint-Remy*.

Cinquième table.

Modèles de pièces anciennes et modernes de construction singulière : ce sont des pièces qui se chargent au tonnerre par différens mécanismes ; pièces dont la bouche et la lumière sont couvertes par un mécanisme à secret ; pièces qui se partagent en plusieurs tronçons ; pièces qui ont des affûts en fer fondu ou forgé.

Sixième table.

Modèles d'affûts marins de différentes espéces ; modèles de caronades, de pierriers de marine ; etc.

Septième table.

Modèles d'affûts de côte, et projet de fourneau à rougir les boulets.

Huitième table.

1. Modèle en bois du pont de *Mellingen en Argovie sur la Reuss.* Ce pont, d'une seule arche, a 160 pieds de longueur.

2. Petit équipage de pontons de cuivre, à l'échelle d'un pouce pour pied.

3. Machines diverses, ou modèles de machines ; savoir :

Projet de voiture à deux roues et timon, portant cheval de frise au bout du timon, et batterie carrée entre les roues pour recevoir quelques tirailleurs, avec deux caronades, par le sieur Bellié. 1822.

Projet de cheval de frise portatif de forme triangulaire, en planches, présentant trois fers de lance.

Chausse-trape en gros fil de fer, qui se démonte et prend la forme de faisceau pour le transport.

Chausse-trape composée de quatre pointes de clous réunis par les têtes dans une petite pyramide de plomb.

Chausse-trape, *idem.*

Étoile du sieur Belpré, qui se déploie en présentant six fers de lance, et forme ainsi une grande chausse-trape.

Piége à pistolet contre les loups, par M. Régnier.

Projet de torpédo, par M. Régnier.

Le réumamètre, par M. Régnier.

Projet de voiture portant deux marmites pour faire des soupes à la suite des armées, par M. Baumgarten, ingénieur bavarois.

Modèle d'un chapelet pour faire monter l'eau.

Modèle de laminoir.

Caisson portant une échelle qui peut y être élevée et servir à des reconnaissances militaires, par M. Régnier.

Modèle de moulin à écraser les pommes-de-terre, par M. Maréchal, garde d'artillerie.

6º. SUR LE PARQUET, SOUS LES PORTE-CROSSES DU RATELIER.

1. Les modèles à l'échelle de 3 pouces pour pied, des affûts à limonière des cinq calibres de l'ordonnance de 1732.

2. Le modèle, même échelle, d'un affût plus ancien, portant une pièce en bronze, de forme inusitée, et chargée d'ornemens bizarres.

3. Un ancien haquet à nacelle, avec poutrelles et madriers, même échelle.

4. Le pont roulant, de M. de Gribeauval, même échelle.

5. Le ponton en cuivre et son haquet, du système de M. de Gribeauval, même échelle.

6, 7, 8. Haquets à bateaux, même système et même échelle.

9. Le bateau et les agrès sur son haquet, proposé par M. Jobard, capitaine
des pontonniers.

10. Un haquet sur lequel est un modèle
de barque et plusieurs modèles de nacelles,
proposés par M. le général Dedon.

11. La grue roulante de l'équipage de
pont de bateaux, de M. de Gribeauval,
échelle du quart.

7°. LES ENTRE-DEUX DE CROISÉES.

Ils sont occupés par des tableaux présentant les divers assortimens de limes en
usage dans les arsenaux et manufactures
de l'artillerie.

8°. SOUS LES TABLES ET DANS LES BAIES DES CROISÉES.

1. Fusils de rempart démontés et canons
de très-anciens fusils, *idem.*

2. Deux beaux canons en fer forgé.

3. Un beau mortier en fer forgé.

4. Deux éprouvettes-mortiers bilboquets, par M. Paixhans.

5. Une éprouvette, *idem*, par le général Lamartillière.

6. L'éprouvette-mortier d'ordonnance.

7. Des bombes de 12, de 10, et de 8 pouces.

8. Des boulets de 36, de 24, et des boulets ramés.

9. Un énorme boulet de fer étranger.

10 Nombre de pièces de petit calibre étrangères, remarquables par leur antiquité ou par la beauté de leur travail.

11. Un grand nombre de petits modèles de pièces de canon françaises et étrangères, sur différentes échelles.

Anciens pistolets à rouet, suspendus au mur sur trois rangs.

Premier rang, ou rang inférieur.

1, 2 à 19, 20. Dix paires de pistolets à rouet; canons longs; garnitures plus ou moins ornées.

21. Un pistolet à rouet, poignée enveloppée d'une crosse de carabine; des incrustations en nacre, ivoire et fil de laiton.

23, 24. Une paire de pistolets à rouet, à crosses de carabine, tout le fût couvert d'ornemens en ivoire et nacre.

25. Un long pistolet ou petit fusil à rouet, fût universellement incrusté d'ivoire; figures grossièrement dessinées; un blason sur une plaque d'ivoire, servant de plaque de couche.

26. Ancien pistolet italien à rouet, canon portant le nom de *Gio. Bato. Francino;* belle garniture en fer découpé et ciselé.

27. Ancien pistolet italien à rouet, canon portant le nom de *Maffeo Badile*.

28, 29. Une paire d'anciens pistolets à rouet, français; canons très-longs, poignées terminées par un pommeau allongé à pans; tout le fût couvert d'ornemens en nacre et filigranes de cuivre doré.

30. Ancien pistolet français, à rouet, terminé par un pommeau ovoïde uni.

Deuxième rang, ou rang du milieu.

1, 2 à 19, 20. Dix paires de pistolets à rouet; canons de moyenne longueur; garnitures plus ou moins ornées.

21. Un pistolet à rouet, le canon, la platine, le fût, en fer, couverts de figures gravées.

22. Ancien pistolet à rouet, canon court, épais, et damasquiné en or, ainsi que la platine.

23. Ancien petit pistolet italien à rouet; jolis ornemens en filigranes d'acier.

24. Ancien pistolet italien à rouet, ornemens en filigranes d'acier.

25. Ancien pistolet, ou plutot petit fusil
de l'espèce dite *poitrinal*, fût incrusté
d'ivoire.

26. Ancien pistolet à rouet, gros pommeau arrondi; fût incrusté d'ivoire.

27 à 28. Une paire de pistolets à rouet;
beaux canons couverts d'ornemens gravés;
incrustation universelle en ivoire sur la
monture.

29 à 30. Une paire de pistolets à rouet;
beaux canons; l'un porte la date de 1563;
fût incrusté en ivoire.

Troisième rang, ou rang supérieur.

1, 2 à 19, 20. Dix paires de pistolets
à rouet, canons de moyenne longueur;
garnitures plus ou moins ornées.

21 à 22. Une paire de pistolets à rouet;
fûts tout en fer; poignées terminées en
boules qui peuvent s'ouvrir.

23. Un ancien pistolet à trois canons, l'un sur l'autre, trois rouets et trois chiens; canons, fûts, platines en fer couverts d'ornemens gravés.

24. Un ancien pistolet à deux canons l'un sur l'autre, deux rouets et deux chiens tout en fer; peu d'ornemens.

25. Un ancien pistolet à rouet, à trois canons tournans.

26 à 27. Une paire d'anciens pistolets à rouet, poignées terminées en boules, fût couvert d'ornemens en ivoire et nacre.

28. Un ancien pistolet à rouet, canon damasquiné; poignée terminée en boule; belle incrustation en ivoire sur le fût entier.

29 à 30. Une paire d'anciens pistolets à rouet; poignées terminées en boule; fûts incrustés en ivoire, les canons manquent et sont remplacés par de faux canons en carton qui sont eux-mêmes très-anciens.

GALERIE N°. II.

Armes à feu anciennes (continuation), et armes à vent.

Premier rang, sur le devant du râtelier.

1 à 20. Anciens fusils français et italiens à rouet, longs et courts, plus ou moins ornés.

21 à 23. Anciennes arquebuses à rouet; gros canons; fûts plus ou moins ornés.

24 à 42. Carabines allemandes à rouet; crosses épaisses en gigues, se rapprochant beaucoup des crosses des fusils modernes, grande variété dans les ornemens des garnitures.

43 à 44. Petits fusils à rouet; crosses comme aux fusils modernes; tringles de mousquetons.

45. Long fusil; canon terminé en tulipe;

fût orné de filigranes en cuivre doré; crosse bizarrement contournée; platine dn genre de celles à rouet; mais le rouet est ici réduit au quart et se monte en l'armant comme le chien d'une platine moderne.

46. Grosse carabine, canon bronzé, fût incrusté d'ivoire et de nacre, platine à silex qui a probablement été substituée à une platine à rouet.

47 à 72. Fusils et carabines à vent, les uns allemands ayant deux soupapes au récipient d'air condensé; d'autres, à l'anglaise ont un récipient de forme sphérique qui se visse sous le canon; d'autres de la fabrique de Liége ont des récipiens à une seule soupape et portent des canons menus qui pour la plupart prennent la forme de canne; d'autres sont des carabines à vent tyroliennes de guerre, ou des carabines fabriquées sur le modèle des tyroliennes; enfin parmi ce nombre (sous le n°. 47) est l'arquebuse à vent des cabinets de physique dont le récipient est un espace vide

ménagé entre l'enveloppe extérieure du canon et la surface extérieure de l'âme.

1 à 19. Anciens fusils français et italiens à rouet, canons courts pour la plupart et de petits calibres; on y trouve la date de 1617; grande variété dans les ornemens.

20 à 33. Carabines allemandes; crosses en gigues, à peu près comme les crosses modernes. La plupart à canons courts; on y trouve quelques dates 1663, 1689, grande variété dans les ornemens des platines et garnitures.

34. Joli petit fusil à rouet à deux coups; canons cannelés le long du tonnerre, crosse à la moderne.

35. Très-petit fusil à rouet, crosse en gigue, sans porte-vis ni plaque de couche.

36 à 39. Anciennes carabines, fûts incrustés d'ivoire, où l'on a mis des platines à silex au lieu de platines à rouet, suivant toute apparence.

40 à 54. Fusils à vent, allemands, liégeois, à récipiens sphériques.

55 à 56. Fusils avec sarbacanes.

57 à 60. Fusils à soufflets dans les crosses.

2°. SECONDE PARTIE DU RATELIER D'ARMES.

Armes à feu, platine à Silex ; armes de fantaisie ou de chasse.

Premier rang — Devant du ràtelier.

1. Fusil dit *à la Vauban* qui, au mécanisme ordinaire de la platine à silex joint le serpentin pour la mèche.

2 à 7. Anciens fusils avec platine à silex de première origine.

8 à 11. Fusils se chargeant à la culasse au moyen d'un dé qui reçoit la charge.

12 à 13. Fusils à béquille dits fusils *de Vincennes* ou fusils *de Bordier.*

Le canon se sépare du tonnerre en glissant le long du canal du fût pour admettre la charge, puis se rapproche du tonnerre et s'y visse par un tour de béquille.

14. Fusil dit à *la Henri IV*, à béquille et à manivelle, se chargeant comme les précédens, muni d'une très-longue baïonnette non coudée, mais creusée en gouttière.

15 à 17. Fusil ou mousqueton à tonnerre tournant. Ici le canon est fixe, mais le tonnerre recule et tourne, par différens mécanismes, pour recevoir la charge.

18 à 21. Mousqueton à tonnerre tournant et canon glissant ; mécanisme de *M. de Sartoris*.

22. Mousqueton dont le tonnerre se découvre, pour admettre la charge, par la rotation du canon autour d'un axe un peu éloigné de celui du canon, proposé et exécuté par *M. Nicolet*, officier d'ouvriers employé à l'atelier de précision.

23. Fusil à bague mobile, qui permet, pour loger la charge, d'ouvrir une entaille longitudinale pratiquée au tonnerre : la platine porte, *à Charleville*.

24 à 27. Carabines proposées par le *maréchal de Saxe*. Le tonnerre s'ouvre par la rotation de la sous-garde pour recevoir la balle, puis la charge de poudre.

28 à 29. Anciens fusils à réservoir; mécanismes compliqués et incomplets.

5o à 55. Fusils à robinet, tous incomplets plus ou moins.

54 à 59. Fusils à tambour, à 2, à 5, à 4, à 5, à 6 charges.

4o à 5o. Fusils à deux coups, canons dessus et dessous tournans.

51 à 52. Anciens fusils à deux coups, canons dessus et dessous, à deux platines.

53 à 55. Espingoles.

56 à 69. Fusils à canons longs et forts, de différens pays et de différentes sortes.

70 à 74. Fusils de cible, portant sur le tonnerre, un canal de visée, ayant le canon ovale intérieurement.

75. Un fusil, canon turc, visière sur la culasse, monture allemande.

76. Un fusil, monture allemande, platine à gauche.

77. Un fusil, canon très-allongé, monture allemande, corps de platine, porte-vis, sous-garde, plaque de couche et pièce de pouce en cuivre jaune très-ornés.

78 à 90. Fusils de chasse avec beaux canons, damas, damassés, tordus ou à rubans de différens pays.

91. Un fusil de chasse, canon à ruban, brasure en cuivre très-apparente.

92 à 101. Beaux fusils de chasse, la plupart à platines espagnoles, quelques montures italiennes.

102 à 107. Anciens fusils espagnols, à crosses arquées, plus ou moins ornés.

108 à 114. Fusils turcs, beaux canons, la plupart fort longs, platines à l'espagnole, fûts la plupart très-ornés.

Second rang, vers le mur.

1. Un très-beau petit fusil dont la platine réunit les deux mécanismes, celui du

rouet et celui à silex; la tête du chien du rouet servant de batterie pour le chien à silex; contre-platine, sous-garde et plaque de couche en fer découpé d'un beau travail.

2 à 6. Anciens fusils avec platines à silex de première origine.

7. Une ancienne carabine, fût chargé d'incrustations en ivoire, platine à silex substituée à celle à rouet.

8 à 9. Anciens fusils de très-gros calibre, platines à silex anciennes.

10 Ancien fusil, long canon, crosse arquée à l'espagnole, ancienne platine à silex.

11. Ancien petit fusil à trois canons fort courts, platine ancienne (incomplet).

12 à 15. Petites espingoles de voiture, avec ou sans baïonnettes.

16 à 17. Petits fusils de botte, se chargeant au tonnerre, à crosse brisée.

18. Très-petit fusil de voiture, à crosse brisée, jolis ornemens.

19. Fusil français, à canne et à crosse brisée.

20. Carabine allemande courte se chargeant au tonnerre au moyen d'un dé, sous-garde en bois.

21. Carabine allemande courte de très-fort calibre, canon avec ornemens dorés.

22 à 23. Une paire de petites carabines, canons à pans brunis, les garnitures en cuivre ciselées.

24. Petite carabine allemande, canon à pans, avec ornemens gravés aux bouts et au milieu; platine sculptée, garniture en cuivre.

25. Petite carabine allemande, calibre très-petit.

26 à 31. Carabines allemandes de chasse.

32 à 34. Fusils de chasse allemands. Les deux derniers portent sur le canon le nom de *Lazarino*.

35. Ancien fusil à deux coups, canons dessus et dessous tournans.

36. Ancien fusil à deux canons simplement accolés, non brasés.

37 à 44. Fusils de chasse allemands de différentes fabriques.

45. Espingole, canon bronzé, gueule ovale, tringle de mousqueton.

46 à 54. Fusils de chasse allemands, plusieurs canons d'Espagne.

55 à 62. Fusils de chasse allemands, sous-gardes en bois.

63 à 85. Fusils de chasse de différens pays.

86 à 95. Fusils d'infanterie étrangère plus ou moins dégradés.

3°. TABLES DE LA MÊME GALERIE.

Première table.

1. Modèle d'usines et machines servant à une manufacture d'armes à feu portatives. Il a été fait à l'appui d'un projet pour la manufacture de Tulles.

2. Le *blémomètre,* instrument pour mesurer la force des ressorts d'une platine

de fusil sans être obligé de démonter l'arme ; par M. Regnier.

3. Levier à bascule pour mesurer la force des ressorts séparés de la platine; par M. Regnier.

4. Levier à branche élastique pour *idem* par *idem*.

5. Levier à bascule , pour mesurer la force des grands ressorts de platine. Charleville 1808.

6. Levier à bascule, pour éprouver les ressorts de batterie. Charleville 1808.

7. Levier à bascule pour éprouver les ressorts de gâchette. Charleville 1808.

8. Machine à éprouver les ressorts des fusils de munition, séparés de la platine; par Deschasaux et Montjoie.

9. Machine *idem*, pour *idem*, par Deschasaux.

10. Planche pour éprouver les ressorts de platine en blanc.

11. Le dynamomètre dans sa boîte, par M. Regnier.

12. Modèle d'outils pour la fabrication des boulets ramés. Sur une planche en bois.

13. Boîte contenant les modèles d'outils pour la fabrication des clous de la marine.

14. Boîte contenant les modèles de tous les clous employés dans l'artillerie. Par M. Sylvi, chef de bataillon d'artillerie, 1810.

15. Petit rabot pour dresser les métaux. Italien.

16. Autre rabot pour le même usage. Aussi italien.

17. Modèle de la forerie horizontale à canons de la fonderie de Strasbourg. A l'échelle du quart.

18. Modèle de forerie verticale.

19. Modèle de machine à arrondir les tourillons.

20. Modèle de machine pour *idem*. Semblable au précédent.

21 à 22. Modèles de machines pour arrondir les tourillons.

23. Modèle de chevalet servant à mettre

des grains de lumière, par le capitaine Peisot. 1813.

24 à 25. Deux paires de coquilles, pour mouler en sable les boulets de 24.

26. Machine pour mouler l'œil des projectiles creux, quand on veut qu'il soit à vis, proposé par M. Pion, chef de bataillon d'artillerie.

27. Autre appareil pour le même objet. Par M. Parisot, chef de bataillon d'artillerie.

28. Petit modèle de tire-fusée à tenailles.

29. Ancien tire-fusée à vis.

30. Le tire-fusée à cric, par Merklein, directeur de l'atelier de précision. 1812.

31. Modèle de tire-fusée par M. Parisot, chef de bataillon.

32. Tire-fusée en grand, de même construction que le précédent, par le même.

33. Grand tire-fusée de sûreté, par le même.

33. Tenaille à cric (partie d'une machine dépareillée).

35. Plusieurs modèles de fusées métalliques.

36. Modèle d'une table à plier les tôles, pour couvert de caisson.

37. Modèle de table à plier les tôles, pour dessus de coffret.

38. Modèle de table à plier les susbandes.

39. Autre modèle de table à plier les susbandes.

40. Autre modèle pour *idem*, par le sieur Clouet, sergent.

41. Modèle à plier les étriers d'essieux, et les crochets de retraite.

42. Modèle de table à plier les anneaux carrés de manœuvre, etc.

43. Modèle d'un banc de corderie.

44. Modèle d'un châssis servant à enrayer les roues.

45. Modèle d'un établi à mâchoires doubles, pour serrer les corps cylindriques.

46. Modèle d'un treuil horizontal.

47. Modèle d'un mouton à bras.

48. Modèle d'un mouton à découper les

59

rosettes de fer. Le mécanisme transforme le mouvement continu en alternatif.

49. Autre modèle de *idem* (incomplet).

5o. Balancier à découper les rosettes.

51. Machine à tailler les limes.

52. Modèle de machine à tailler les limes.

53. Modèle de machine à faire les vis de pointage.

54. Modèle d'une autre machine à faire les vis.

55. Autre modèle de machine à tailler les vis.

56. Modèle d'une roue à volans pour un tour à tourner les métaux.

Deuxième table.

1. Modèle de grue double ou à deux ranchers, portée sur un pied à quatre roulettes; volant, treuil et vis sans fin.

2. Modèle de cabestan, échelle du quart.

3. Modèle de chèvre ordinaire pour les places, même échelle.

4. Modèle de chèvre brisée pour la campagne, même échelle.

5. Modèle de chèvre de place, en chêne, plus grande échelle.

6. Modèle de chèvre de place. Le treuil est porté sur le pied de chèvre, et il est mû par deux manivelles portant des pignons qui engrènent avec deux grandes roues dentées fixées aux extrémités du treuil; inventée et exécutée par M. *Arranger*, sergent d'ouvriers.

7. Modèle de traîneau, échelle du quart.

8. Modèle de vindax, même échelle.

9 à 10. Modèles de cabestan et de vindax, très-petite échelle.

11. Modèle de grue à vis, proposée par M. le capitaine *Parisot*, juillet 1813.

12. Petite grue à cabestan.

13. Modèle de grue à double rouleau pour élever les fardeaux à une petite hauteur.

Troisième table.

1. Pièce sur affût offerte à Louis XIV par la

province de Franche-Comté, après la con-
quête de 1674. La pièce est dorée et chargée d'ornemens ciselés ; les garnitures
de l'affût sont en cuivre doré.

2 à 4. Trois nécessaires de pistolets de
combat, de la manufacture de Versailles.

5. Plusieurs modèles de coulevrines et de
canons sans affûts ou avec affûts : sans
proportion.

Quatrième table.

1 à 4. Quarts de cercle propres à donner
les degrés pour tous les mortiers; pinules,
limbe divisé et verge d'aplomb, en cuivre, le reste en bois; *invenit et fecit Bil-
lion, à Paris.*

5. Quart de cercle en bois, non achevé;
modèle ordinaire.

6. Quart de cercle en bois, à charnières
qui permettent de le ramener à un faisceau
droit et plus portatif.

7. Quart de cercle en cuivre, avec niveau à bulle d'air; Dicbolt, à Strasbourg.

8. Quart de cercle en cuivre armé d'une longue tige qui permet de s'en servir pour donner aussi les degrés au canon.

9. Sextant en cuivre, avec niveau à bulle d'air.

10. Triangle équerre de l'école d'Auxonne, pouvant aussi servir à pointer le mortier.

11 à 12. Deux boussoles déclinatoires.

13. Projet de hausse à canon, propre à tous les calibres, instrument composé de lames de cuivre flexibles.

14. Projet de hausse à canon, combinée avec le quart de cercle, grand et petit modèle, dans une boîte.

15. Modèle de hausse à canon, proposée par M. Picard, capitaine d'artillerie, 1812.

16. Hausse à canon et obusier, proposée par M. le lieutenant d'artillerie Chadrin, 1821.

17. Même instrument, avec des perfectionnemens, par le même, 1824.

18. Modèle de hausse fixe à tiroirs, par M. Arranger sergent d'ouvriers, 1822.

19. Hausse mobile, avec fil à plomb, inventée et exécutée par le même, 1822.

20. Seconde hausse mobile avec niveau à bulle d'air, par le même, 1823.

21. Très-beau quart de cercle propre à pointer tous les mortiers, muni de deux niveaux à bulle d'air, inventé et exécuté par le même, 1824.

22. Quart de cercle à pinules et à fil à plomb, propre à tous les mortiers, par le sieur *Patron, à Paris*.

23 à 24. Deux instrumens en fer pour prendre des angles et niveler, par M. Babelon, inspecteur de la manufacture de Charleville.

25. Le distanciomètre de l'adjudant-général Mayer, exécuté à l'atelier de précision, 1812.

26. Limbe gradué, à adapter au tourillon du mortier monté suivant le projet de *Bouquéro*.

Cinquième table.

1 à 2. Deux boites renfermant d'anciennes étoiles à tambour pour la vérification de l'âme des bouches à feu.

3. L'étoile mobile de M. de Gribeauval, exécutée par M. *Savart,* à Metz.

4 à 5. Deux nécessaires d'instrumens pour la vérification du mortier-éprouvette, atelier de précision, 1812.

6. Plusieurs compas à verges, d'épaisseur, etc., fabriqués par l'ancien atelier de précision avant 1816.

7. Instrument à prendre les calibres des bouches à feu; c'est un quadrilatère, à angles variables et à côtés constans, dont un angle est assujetti à glisser le long d'une des diagonales.

8. Petit modèle de l'étoile à vérifier l'âme et la chambre du mortier.

Sixième table.

1. Globe creux, formé de deux hémi-

sphères séparables, pour le moulage en sable de la bombe de 12 pouces.

2. Globe creux, formé de deux hémisphères séparables, pour le moulage en sable de la bombe de 10 pouces.

3. Globe creux, formé de deux hémisphères séparables, pour le moulage en sable de la bombe de 8 pouces.

4. Globe creux, formé de deux hémisphères séparables, pour le moulage en sable de la grenade.

5. Globe creux, formé de deux hémisphères séparables, pour le moulage en sable du boulet de 12 pouces.

6. Globe creux, formé de deux hémisphères séparables, pour le moulage en sable du boulet de 8 pouces.

7. Une paire de coquilles, pour le moulage du boulet de 24.

8. Deux sondes pour mesurer l'épaisseur des culots des projectiles creux. (Une d'ancien modèle.)

9. Compas à coulisse, pour vérifier l'épaisseur à l'œil des projectiles creux.

10. Vérificateur du diamètre de l'œil des bombes de 10 et 12 pouces.

11. Vérificateur du diamètre de l'œil des bombes et obus de 8 pouces.

12. Vérificateur du diamètre de l'œil des obus de 6 pouces et de 24.

13. Une collection de lunettes pour l'étoile mobile, nouveau modèle.

14. L'étoile mobile, nouveau modèle, pour tous les calibres.

15. Un compas à coulisse pour mesurer les diamètres extérieurs des canons.

16. Un étalon à coulisse et à fourche, pour mesurer les distances du tourillon à la plate-bande de culasse, etc.

17. Un chat hampé, pour vérifier les soufflures qui seraient dans l'âme des canons.

18. Godet et sa hampe, pour recevoir de la cire à sceller, pour vérifier les soufflures dans l'âme des canons.

19. Sept refouloirs en bois, pour prendre l'emplacement des lumières.

20. Un niveau.

21. Trois dés pour faire les cartouches, et trois mandrins pour le même usage.

22. Une collection ou nécessaire de vérification, pour fusil d'infanterie, modèle de 1822.

23. Une collection ou nécessaire de vérification, pour fusil d'artillerie, modèle de 1822.

24. Une collection ou nécessaire de vérification, pour mousqueton et pistolet de cavalerie, modèle de 1822.

25. Une collection ou nécessaire de vérification, pour pistolet de gendarmerie, modèle de 1822.

26. Une collection ou nécessaire de vérification, pour armes blanches, modèle de 1822.

27. Une collection ou nécessaire de vérification, pour armes entre les mains des troupes.

28. Une collection ou nécessaire de vérification, pour mortier-éprouvette.

29. Une collection ou nécessaire de vérification, pour les vis de platine et culasse du fusil d'infanterie, modèle de 1822.

30. Une collection ou nécessaire de vérification, pour les vis de platine et culasse du fusil d'artillerie, modèle de 1822.

31. Une collection ou nécessaire de vérification, pour les vis de platine et culasse du mousqueton et pistolet de cavalerie, modèle de 1822.

32. Une collection ou nécessaire de vérification, pour les vis de platine et culasse du pistolet de gendarmerie, modèle de 1822.

33. Une collection ou nécessaire de vérification, pour les pierres à fusil.

34. Un pied de roi, étalonné et à biseau, dans sa boîte.

35. Une matrice à former le contre-poinçon pour marquer le fer.

36. Un poinçon aux lettres *V. H. S.*

37. Un compas à branches courbes, pour la vérification des diamètres intérieurs et extérieurs.

38. Petits crochets pour vérifier les soufflures dans le canal de lumière.

39. Assortiment de lunettes pour les embases et tourillons.

Nota. 1º. Les trois derniers articles sont suspendus au mur correspondant au dessus de cette table.

2º. Tous les articles de 1 à 39 inclus ont été fabriqués au nouvel atelier de précision.

40. Nécessaire de vérification pour le fusil d'infanterie, modèle de 1777, ancien atelier de précision.

41. Éprouvette à crémaillère, en usage en Allemagne pour éprouver la poudre.

42 et 43. Petits modèles de mortier-éprouvette d'ordonnance.

44. Petit modèle de l'éprouvette bilboquet du général Lamartillière.

45. Éprouvettes à ressort, et éprouvettes à peson, sur un tableau attaché au
mur.

46. Le pendule de l'éprouvette de d'A-
rey, au mur.

47. Pendule à éprouver les poudres ful-
minantes, par M. Regnier, au mur.

4°. SUR LE PARQUET, SOUS DES PORTES-CROSSES DU
RATELIER.

1 à 2. Modèles de triquebales à cric,
à vis sans fin, échelle du sixième.

3 à 4. Modèles de triquebales, l'un ordinaire, l'autre à vis, du système de Gribeauval, échelle du quart.

5 à 7. Affûts de côte, avec leurs pièces, une en fer, les autres en bronze,
même échelle.

8. Affût de place, avec sa pièce en
bronze, même échelle.

9. Affût de place, à échantignoles, de
M. de Valière le fils, même échelle.

10. Affût de place, pour obusier, pièce en bois, crosse en fer forgé, roues excentriques, proposé par M. Ruty, professeur aux écoles d'artillerie. Même échelle.

11. Modèle de forge à quatre roues, à deux soufflets, pour rougir les boulets, proposée par le général Éblé. Même échelle.

12. Modèle de la forge de campagne, à deux roues. Même échelle.

13 à 14. Modèles de la forge de campagne, à quatre roues. Même échelle.

15. Modèle du chariot porte-corps. Même échelle.

16. Modèle du camion. Même échelle.

17. Modèle de la petite charrette. Même échelle.

18 à 19. Modèle de la grande charrette. Même échelle.

20 à 21. Modèle du chariot de division. Même échelle.

22. Pièce à la suédoise, en bronze, avec affût et avant-train. Même échelle.

1°. Le travail de la pierre à feu, depuis l'extraction du silex en gros rognons, jusqu'à la pierre en état d'être livrée, est présenté sur le mur correspondant aux tables 1 et 2, par des échantillons suspendus immédiatement, ou médiatement par l'intermédiaire de tableaux en bois.

2°. Sur le mur correspondant à la troisième table est un grand tableau rassemblant un grand nombre d'armes ou autres objets combinés avec le pistolet; savoir : épée, poignards, masse d'armes, hache d'armes, fouets de poste, parasol, clef de serrure, livre, hallebarde, cannes portant des pistolets.

3°. Quatre tableaux réunissant d'anciens instrumens de vérification pour certaines espèces d'armes : collections incomplètes.

4°. Correspondamment à la cinquième table, un assortiment de lunettes de réception pour tous les projectiles, fabriqué dans l'ancien atelier de précision.

5°. Dans la baie, entre la cinquième et la sixième table, une éprouvette-mortier, nouveau modèle; deux globes d'éprouvette; deux cylindres en bronze, pour boulets de 16 et de 12; deux étoiles fixes du diamètre desdits cylindres : par le nouvel atelier de précision.

RETOUR ENTRE LES GALERIES N°s. 2 et 3.

Pistolets modernes, suspendus au mur sur trois rangs.

Premier rang, ou rang inférieur.

1. Un pistolet des gardes-du-corps, dernier modèle.

2 à 3. Une paire de pistolets des anciens gardes-du-corps.

4 à 5. Une paire de pistolets de cavalerie, modèle de l'an ix.

6 à 8. Une paire et demie de pistolets

français de marine, dits *à coffre*, modèle de 1777.

9 à 10. Une paire de pistolets français, de dragons, modèle an XIII.

11 à 13. Trois pistolets de cavalerie française, modèle de 1763.

14 à 18. Pistolets anglais, de guerre.

19 à 25. Pistolets espagnols, de guerre.

26. Un pistolet autrichien, de guerre.

27 à 28. Pistolets prussiens, de guerre.

29 à 30. Pistolets russes, de guerre. Sur les platines on lit : *Tyla*, 1799; *Tyla*, 1813.

Second rang, ou rang du milieu.

1. Ancien pistolet à réservoir pour plusieurs coups; mécanisme incomplet.

2 à 3. Deux pistolets à deux coups tournans.

4 à 5. Une paire de pistolets à quatre coups, canons tournans. Sur la platine : *Jean Dubois, à Sedan.*

6 à 7. Une paire de pistolets à deux canons tournans.

8 à 9. Une paire de pistolets à deux canons l'un sur l'autre, à deux platines.

10, 11 à 18, 19. Cinq paires de pistolets de luxe, platines à l'espagnole.

20 à 21. Deux pistolets italiens, canons du *Lazarino*.

22. Un pistolet français, de gendarmerie, modèle de 1763.

23. Un pistolet danois.

24 à 26. Une paire et demie de pistolets de cavalerie autrichienne, sans baguettes.

27 à 30. Différens pistolets de cavalerie prussienne.

Troisième rang, ou rang supérieur.

1, 2 à 11, 12. Six paires de pistolets d'arçon, de luxe, fabriques allemandes pour la plupart.

13 à 14. Une paire de pistolets italiens, canons du *Francino*.

15 à 16. Une paire de pistolets d'arçon; canons tordus, bronzés; sous-gardes en bois.

17 à 18. Une paire d'anciens pistolet: français, fût orné de filigranes d'argent e d'incrustations en nacre.

19 à 20. Une paire de pistolets hollan dais.

21 à 22. Une paire de pistolets italiens canons du *Lazarino*.

23 à 24. Une paire de pistolets de com bat, par *Joh. André Kuchenreiter*, de Ra tisbonne.

25. Un ancien pistolet, tonnerre et pla tine ciselés, garniture en cuivre ciselé clous de cuivre sur la poignée.

26 à 30. Divers pistolets de cavaleri prussienne.

GALERIE N°. III.

1°. PREMIÈRE PARTIE DU RATELIER D'ARMES.

Armes à feu, à silex, de guerre (étrangères).

Premier rang, devant du râtelier.

1 à 2. Fusils d'infanterie suisse.

3 à 5. Fusils d'infanterie russe.

6 à 13. Fusils d'infanterie prussienne, modèles divers.

14 à 16. Fusils portugais, de guerre ; deux modèles différens.

17 à 18. Deux fusils piémontais, de guerre.

19 à 26. Fusils hollandais, de guerre, modèles divers.

27 à 44. Fusils d'infanterie espagnole.

45 à 61. Fusils d'infanterie autrichienne.

62 à 80. Fusils anglais, de guerre, modèles divers.

81 à 83. Fusils d'infanterie hanovrienne.

84. Carabine portant un sabre-briquet au lieu de baïonnette, à l'usage de l'infanterie écossaise.

Second rang, vers le mur.

1 à 2. Fusils suisses, de guerre.

3 à 6. Fusils d'infanterie russe (défectueux).

7. Fusil prussien (défectueux).

8 à 12. Mousquetons prussiens.

13 à 14. Mousquetons portugais.

15. Carabine portugaise.

16. Fusil piémontais, de guerre.

17 à 21. Fusils d'infanterie hollandaise (la plupart défectueux).

22. Fusil d'infanterie espagnole (défectueux).

23 à 28. Fusils de dragons espagnols.

29 à 33. Mousquetons espagnols.

34. Mousqueton italien.

35 à 39. Mousquetons autrichiens.

40 à 55. Carabines autrichiennes, de guerre; divers modèles.

56 à 59. Carabines autrichiennes, à deux canons l'un sur l'autre.

60. Carabine anglaise, de guerre.

61 à 64. Mousquetons anglais.

65 à 70. Mousquetons français dépareillés, fusils de traite, et fusils étrangers, modèles inconnus.

2°. ARMOIRE VITRÉE DE LA MÊME GALERIE.

Corps d'armoire de droite.

1 à 2. Une paire de pistolets-espingoles de la manufacture de Versailles.

3 à 4. Une paire d'anciens pistolets, poignées en bois d'ébène, calottes en argent.

5 à 6. Une paire de pistolets, poignées en argent ciselé.

7. Un petit pistolet à quatre coups, poignée en acier.

8 à 9. Une paire de pistolets à sept ca-

nons en cuivre, poignées en bois, garnitures en cuivre.

10 à 11. Une paire de pistolets de poche
à l'écossaise, de la manufacture de Versailles.

12. Un pistolet anglais, de poche, poi-
guée ornée de filigranes d'acier.

13 à 14. Une paire de petits pistolets
de la manufacture de Versailles.

15 à 16. Une autre paire de pistolets
de a même manufacture.

17. Un petit modéle, à trois pouces pour
pied, du fusil d'infanterie française, modèle de 1763, exécuté par *Cassan*, à Charleville.

18 à 19. Deux anciennes épées de cour,
poignées ciselées et dorées, fourreaux en
galuchat.

20. Un beau fusil, par l'*Hollandais*,
à Paris; le fût couvert de filigranes d'argent.

21. Un superbe fusil à vingt-quatre coups
par un seul canon, inventé et exécuté par

Jean Bouillet, arquebusier de Saint-Étienne, présenté au roi Louis XV, et acquis par ce monarque; c'est pourquoi on l'appelle le fusil de Louis XV.

22. Un fusil à quatre coups, avec quatre platines, par M. *Regnier*.

23. Une belle carabine de la manufacture de Versailles.

24. Un beau fusil à quatre canons tournans, par *Deschaseaux*.

25. Un beau fusil, par les *frères Laroche*, à Paris; crosse ornée de filigranes d'argent.

26. Un très-beau fusil, par *Courvoisier*, à Paris; crosse bordée d'ornemens en argent, d'un beau travail.

Corps du milieu.

1. Grand couteau à manche d'ivoire, s'allongeant à volonté de toute la longueur du manche.

2 à 3. Poignards turcs, de ceinture,

lames en damas, poignées de bois de couleur.

4 à 5. Poignards turcs, de ceinture; lames en damas; manches d'ivoire, garnis en argent.

6. Beau poignard persan , lame de damas; poignée en jade, façonnée en tête de cheval.

7. Beau poignard turc, lame de damas; poignée en agate onix , avec ornemens en émail vert.

8. Beau poignard turc , lame de damas, poignée en cristal de roche.

9. Beau poignard turc, lame de damas, poignée en jaspe sculpté, d'un beau travail.

10 à 11. Deux chryts malais, poignées damasquinées.

12 à 13. Deux poignards du Thibet; poignées formées par des pagodes, l'une en cuivre, l'autre en bois; une des lames est chargée de caractéres chinois en or.

14. Carquois d'un maître-d'hôtel du

sérail , contenant trois couteaux, deux grands et un petit; lames de damas, manches en dent d'hippopotame ; le corps du carquois en vermeil, repercé et orné de pierreries.

15 à 16. Deux beaux grands fusils turcs, canons damassés et damasquinés en or , platines à l'espagnole, crosses en bois de couleur, riche garniture en vermeil et pierreries , plaques de couche en ivoire africain d'une forte épaisseur.

17 à 18. Deux candjiars turcs, lames damassées, poignées et fourreaux garnis en argent relevé en bosse et ciselé.

19. Une magnifique poire à poudre , en forme de pipe, garnie de pierreries montées sur vermeil.

20 à 21. Petit couteau de sultane , avec le fourreau ; lame de damas, avec des caractères arabes en or; manche en ivoire garni de pierreries ; le fourreau garni de turquoises.

22 à 23. Candjiar turc et son fourreau,

lame damassée, poignée garnie de grains de corail, le fourreau en argent, garni aussi de corail.

24 à 25. Deux sabres turcs, poignées et fourreaux garnis en argent relevé et ciselé.

26. Un riche carquois asiatique, contenant des flèches. Le carquois est couvert en velours vert parsemé d'ornemens brodés en feuilles de vermeil, avec pierreries et entourage de perles.

Corps de gauche.

1 à 2. Trompettes d'honneur, décernées sous le dernier gouvernement.

3 à 4. Une paire de pistolets-espingoles de la manufacture de Versailles.

5 à 6. Une paire de pistolets de luxe, à deux canons, belle garniture en argent.

7 à 8. Une paire de pistolets d'honneur, décernés sous le dernier gouvernement.

9 à 10. Une paire de pistolets à deux

canons tournans, poignées en ivoire, terminées en têtes coiffées à la turque. Les platines portent : *Aquisgrani.*

11 à 12. Le bâton de maréchal de France, modèle, et son étui.

13. Un magnifique fusil, garni en or et enrichi de pierres précieuses, du plus beau travail. Sur la platine, on lit : *F. Tomson et Zoonen, te Rotterdam.*

14 à 15. Une superbe paire de pistolets, montés en or et garnis de roses et autres pierres précieuses. Ces pistolets, et le fusil numéro précédent, armes à l'usage des Orientaux, ont été placés au Musée par ordre de Son Exc. le ministre de la guerre, à qui ils avaient été cédés par Son Exc. le ministre des affaires étrangères. 1824.

16. Un beau fusil, donné par S. M. le roi de Prusse au maréchal duc de Feltre, qui en a fait don au Musée.

17. Un fusil portugais, à platine couverte.

18 à 19. Une paire d'espingoles de la manufacture de Versailles.

Armes françaises de guerre.

Premier rang, sur le devant.

1 à 2. Fusils de *Julien Leroy*, premier et second modèle; canon se chargeant au tonnerre, platine de percussion.

3 à 5. Projets de fusils d'infanterie, à platine de percussion.

6 à 15. Divers projets relatifs au fusil d'infanterie proposés par différens arque-busiers.

16. Petit fusil des élèves de l'ancienne école royale militaire.

17 à 18. Fusils d'infanterie , modèle de 1746.

19 à 22. Fusils d'infanterie , modèle de 1754.

23 à 25. Fusils d'infanterie, modèle de 1763.

26 à 28. Fusils d'infanterie, modèle de 1766.

29 à 32. Fusils d'infanterie, modèle de 1773.

33 à 36. Fusils d'infanterie, modèle de 1774.

37 à 41. Fusils d'infanterie, modèle de 1777.

42. Fusil d'infanterie, modèle de 1777, qui a tiré 10,000 coups; canon bronzé; manufacture de Saint-Étienne.

43. Fusil d'infanterie, même modèle, qui a tiré 22,281 coups; canon bronzé; manufacture de Saint-Étienne.

44 à 55. Fusils d'infanterie, modèle de 1777, successivement corrigé ou modifié depuis 1794 à 1805.

56 à 61. Projets de fusils, préparatoires au modèle de 1816.

62. Fusil d'artillerie, modèle de 1816.

65 à 64. Fusils d'infanterie de ligne et de voltigeurs, modèle de 1816.

65 à 70. Projets préparatoires au modèle de 1822.

71. Fusil d'artillerie, modèle de 1822.

72 à 73. Fusils d'infanterie de ligne et de voltigeurs, modèle de 1822.

74. Fusil de grenadier de la ci-devant garde.

75. Fusil des gardes du directoire.

76 à 77. Fusils des Cent-Suisses. Le premier est des anciens Cent-Suisses.

78. Projet de fusils pour les gardes du corps; par M. Régnier.

79 à 80. Fusils des gardes du corps; modèle de 1814.

81. Fusil des gardes du corps, dernier modèle, canon bruni, couvre-bassinet tournant; pièce de pouce en cuivre, portant trois fleurs de lis.

82 à 83. Fusils de récompense, à décerner par le roi; garnitures en argent.

84. Fusil d'honneur, garniture en ar-

gent; couvre-bassinet tournant. (Du dernier gouvernement.)

Second rang , vers le mur.

1. Mousqueton à platine de percussion; projet de M. de Châteaubrun, officier supérieur de l'artillerie de la garde royale.

2. Mousqueton français, avec une grande baïonnette à sabre.

3 à 7. Carabines de voltigeurs, canon bronzé, garnitures en cuivre, de la manufacture de Versailles.

8 à 9. Carabines de voltigeurs, de la manufacture de Charleville.

10 à 16. Carabines rayées, de la manufacture de Versailles.

17 à 20. Carabines françaises, de la manufacture de Versailles.

21 à 30. Mousquetons carabinés, de la manufacture de Versailles.

31 à 35. Mousquetons allongés, fabriqués pendant la révolution.

34. Projet de carabine.

35 à 36. Mousquetons de maréchaussée, modèle de 1770, sans tringle.

37 à 38. Mousquetons, modèle de 1763.

39 à 44. Mousquetons, modèle de 1777.

45 à 47. Mousquetons, modèle de 1786.

48 à 49. Mousquetons de la garde du directoire.

50 à 54. Mousquetons de l'an 9, et ses modifications postérieures.

55 à 60. Projets de mousquetons préparatoires au modèle de 1816.

61 à 68. Mousquetons de cavalerie légère, modèle de 1816, de différentes manufactures.

69 à 70. Mousquetons d'honneur, garnitures en argent. (Du dernier gouvernement.)

4°. SUR LE PARQUET, SOUS LES PORTE-CROSSES DU RATELIER.

1. Modèle de la grue roulante, de l'arsenal de Metz; échelle du sixième.

2 à 8. Modèles de caissons de différentes espéces, à l'échelle du quart.

9. Obusier de 24, en bronze, sur affût
et avant-train; même échelle.

10 à 11. Obusiers de 6 pouces, en
bronze; affût et avant-train; même
échelle.

12. Obusier de 8 pouces, en bronze;
affût et avant-train; même échelle.

13. Pièce de 4, de campagne, en bronze;
affût et avant-train; même échelle.

14. Pièce de 4, de siége, en bronze;
affût, sans avant-train; même échelle.

15. Pièce de 8, de siége, en bronze;
affût, sans avant-train; même échelle.

16. Pièce de 12, de siége, en bronze;
affût, sans avant-train; même échelle.

17. Pièce de 16, de siége, en bronze;
affût à limonière; même échelle.

18. Pièce de 24, de siége, en bronze;
affût à limonière; même échelle.

3°. TABLES DE LA MÊME GALERIE.

Première table

1. Modèle de traîneau ordinaire.

2. Modèle de traîneau à rouleaux, servant aux passages des poternes, et aux montées de rampes de fortifications.

3. Petit modèle de traîneau à roulettes.

4. Modèle d'affût de place en fer forgé, avec son châssis, même matière; projet proposé par le général *Éblé*.

5. Modèle d'affût de place avec plate-forme, par M. le chef de bataillon Parisot.

6. Modèle en bois d'affût de place à bascule, pour élever par un contre-poids la pièce au-dessus d'un parapet sans embrasure, par M. *Boitias*, ingénieur.

7. Modèle d'affût propre à élever la pièce au-dessus d'un parapet entier, par M. *Gontaut de Canolle*, ex-officier du train d'artillerie. 1815.

8. Projet d'affût de place à roues exécu-

triques , fixées sur un essieu tournant sous les flasques, par *M. Perimhoff* , chef de bataillon de pontonniers. 1813.

9. Roue à deux moyeux avec son essieu , le tout en bois ; par le capitaine *Silvy*.

10. Roue à deux moyeux , la roue en fer forgé, les moyeux en cuivre, proposée par M. le professeur Ruty.

11. Projet de pièce portant des roulettes aux tourillons et au bouton de culasse, sur un châssis , le tout en bois. Proposé par M. le général *Gassendi*.

12. Affût de place et de côte. Deux roulettes sur le devant ; une roulette derrière , qui s'élève et s'abaisse au moyen d'un levier, par le capitaine *Bourdin*.

13. Affût de place portant un obusier allongé en bronze, sous lequel est un mécanisme à cric, par lequel on peut pointer la pièce sous les plus grands angles.

14. Modèle d'affût de place. Deux grandes roulettes en cuivre sur le devant , réunies

par un essieu beaucoup au-dessous du corps d'affût. Petite roulette derrière.

15. Projet d'affût de place avec son châssis, par *M. Wolfhugel*, capitaine de pontonniers. 1811.

16. Projet d'affût de place, par M. le colonel *Menici*.

17. Projet d'affût de place, par M. le général *Lacombe Saint-Michel*; c'est l'affût du numéro précédent, avec des roulettes de devant un peu plus grandes, et un avant-train à roulettes.

18 à 21. Modèles d'affûts de place, du système de *Gribeauval*, avec leurs châssis; quelques-uns sont à grandes roulettes derrière, deux portent des pièces en fer.

Deuxième table.

1. Modèle de mortier de 10 pouces à la *Gomer*, avec vis de pointage sous le ventre, dans l'entretoise de devant.

2. Modèle de mortier de 10 pouces,

chambre cylindrique , vis de pointage et semelle sur le devant.

3. Petit modèle de mortier de 10 pouces à la *Gomer*, avec l'appareil à la *Bouquero* pour pointer ; c'est-à-dire, une vis dont l'écrou est fixé à côté du flasque gauche, agissant à l'extrémité d'un levier fixé au centre du tourillon gauche, la vis portant à l'autre bout un fil à plomb qui indique les degrés sur un secteur gradué, échelle du sixième.

4. Petit modèle *idem*, même appareil, même échelle.

5. Mortier à la *Gomer*, appareil de *Bouquero*, affût en fer.

6. Modèle de mortier par *Bouquero*, de forte proportion ; l'affût est en bronze, et porte en dedans la vis de pointage de l'appareil qui agit sur une oreille ménagée dans la fonte au ventre du mortier. Les degrés marqués par un fil à plomb suspendu au centre du tourillon gauche, sur un

petit limbe gradué fixé à la circonférence du tourillon.

7. Modèle de mortier sur affût en bois avec vis de pointage sur le devant et rouleau mobile, pour faciliter la remise en batterie.

8. Mortier sur semelle avec roulettes adaptées à la semelle, le tout en cuivre ; par l'adjudant-général *Mayer*, 1811.

9. Mortier peu différent du précédent ; par le même, 1813 ; le tout en bois.

10 à 11. Projet de mortier, deux roulettes sous la semelle ; par le sieur *Mazeline*, serrurier au Havre, 1812. Modèle en bois, plus une semelle différente pour être mue par deux leviers à roulettes.

12. Modèle d'affût de mortier, par M. le colonel *Menici*, 1808.

13. Modèle d'affût de mortier, vis de pointage en arrière ; en bois.

14. Modèle d'affût de mortier, vis de pointage et semelle en avant ; en bois.

15. Modèle de mortier sur affût, avec

treuil sur le derrière et sextans fixés de chaque côté du mortier, pour faciliter le pointement, le tout en bois.

16. Modèle de mortier sur affût, avec cabestan sur le derrière, le tout en bois.

17. Modèle de mortier avec affût sur un châssis, par M. le capitaine Wolfhugel de pontonniers. 1811.

18. Modèle de mortier à la Gomér sur affût, et plate-forme, avec l'appareil à aiguille, proposé par M. de Trumilly ; les modifications que présente ce modèle, ainsi que l'exécution du tout, sont dues à *M. Ar- ranger*, sergent d'ouvriers.

Troisième table.

1. Modèle d'éprouvette-mortier (projet) sans affût.

2. Modèle de mortier de dix pouces, grande portée, sans affût.

3. Modèle de mortier de douze pouces, sans affût.

4. Modèle de mortier à la Gomer, de dix pouces, grande portée, sans affût.

5. Modèle de mortier à la Gomer, de douze pouces, sans affût.

6. Modèle de mortier à la Gomer, de dix pouces, en fer, sans affût.

7. Modèle de mortier-bilboquet du général *Lamartillière*, sans affût.

8. Ancien obusier fondu par *Jean Maritz*, commissaire des fontes de l'artillerie de France, pièce remarquable par ses beaux ornemens ciselés, sans affût.

9. Ancien obusier d'une assez forte proportion, sans affût.

10 à 13. Modèles d'obusiers de huit et six pouces sans affût.

14. Modèle du petard français.

15. Modèle du petard étranger.

16. Modèle du mortier de dix pouces, petite portée, sur affût en bois. Strasbourg, 1789.

17. Modèle, sur une grande échelle, de mortier sur affût, l'un et l'autre en bronze.

18. Modéle de pierrier de quinze pouces, sur affût en fer, grande échelle.

19. Modéle de pierrier de 15 pouces, sur affût, petite échelle.

20. Petit mortier en bronze, sur affût en fer, portant *Bérenger à Douay* 1776.

21. Petit pierrier en bronze, sur affût en fer, portant *Bérenger à Douay* 1776.

22. Modéle de mortier de 8 pouces, sur affût en bronze, échelle du huitième.

23. Modéle de mortier de 10 pouces, sur affût en bronze même échelle.

24. Modéle de mortier de 12 pouces, sur affût en bronze même échelle.

25. Modéle de mortier de 10 pouces sur affût en bronze ; plus grande échelle ; par d'Artein.

26. Modéle de mortier de 12 pouces sur affût en bronze, même échelle.

27. Modéle de pierrier sur affût en bronze ; sans proportion.

28 à 29. Petits modéles de brouettes à bombes.

30. Petit modèle de civière à bras.

Quatrième et cinquième table.

1 à 8. Divers modèles de sabres de mousquetaires et de gardes du corps.

9 à 12. Divers modèles d'épées; projets préparatoires à l'adoption du dernier modèle d'épée pour les officiers supérieurs et d'état major.

13 à 15. Sabres de deuil de la manufacture de Versailles.

16 à 17. Sabres d'honneur pour la cavalerie de ligne.

18. Épée de général en chef (projet).

19 à 21. Sabres de gendarmerie, poignées en cuivre doré, de la manufacture de Versailles.

22. Grand cimeterre indien, en beau damas; il faisait partie des présens que les ambassadeurs du roi de Siam offrirent à Louis XIV en 1686.

23 à 34. Beaux sabres d'honneur et de récompense.

35. Sabre de tambour-major, modèle adopté.

36 à 37. Sabres d'officiers de cavalerie, modèle de 1822.

38 à 39. Sabres de cavalerie, modèle de 1822.

40. Épée d'officier d'état major, modèle de 1822.

41. Épée d'officier, modèle de 1822.

42. Épée de sous-officier, modèle de 1822.

43. Sabre de sous-officier d'infanterie, modèle de 1822.

44. Briquets d'infanterie modèle de 1822.

45. Autre briquet poignée en fer (projet).

46. Sabre d'artillerie, modèle de 1822.

Sixième table.

1. Pièce en bronze dite à la *Rostaing*, sur affût échelle du quart.

2. Projet du sieur *Guillaume* pour faire servir une pièce de canon par un seul homme.

3. Modèle du petit obusier russe dit *licorne*.

4. Projet de canon qui peut être tiré sans qu'il soit besoin d'ôter l'avant-train, proposé par le général Éblé.

5. Projet de pièce de montagne; affût à flasque en forme de brancards.

6. Projet d'affût de pièce de campagne à un seul flasque en fer forgé, fusées d'essieux cylindriques, roues de différentes écuanteurs; ce qui permet de faire varier la voie de la voiture; par M. le général Laurent.

7. Petit équipage d'artillerie de montagne, proposé par le même général.

8 à 9. Modèle de l'affût traîneau pour la guerre de montagne.

1 à 3. Modèle d'affûts de siége à limonières, échelle du huitième.

4 à 5. Affûts de place à grandes roulettes échelle du huitième.

6. Modèle de forge portative pour la guerre de montagne, échelle du huitième.

7. Affût de côte, même échelle.

8. Charrette, même échelle.

9. Camion, même échelle.

10. Caisson de 4, même échelle.

11. Affût de 8, même échelle.

12. Triqueballe ordinaire, même échelle.

13. Chariot de division, même échelle.

Huitième table.

1. Une pièce de 24 en bronze, sur affût, garnitures en cuivre jaune; échelle du sixième.

2. Une pièce de 16 en bronze, sur affût, garnitures en cuivre jaune, échelle du sixième.

3. Une pièce à la *Rostaing*, sur affût, garnitures en cuivre jaune, échelle du sixième.

4. Un affût d'obusier de 8 pouces, sans pièce, garnitures en cuivre jaune; échelle du sixième.

5. Un affût d'obusier de 6 pouces, sans pièce, garnitures en cuivre jaune; échelle du sixième.

6. Une pièce de 24 en bronze, sur affût de place, garnitures en cuivre jaune; échelle du sixième.

7. Une pièce de 24 en bronze, sur affût peint en gris; échelle du sixième.

8. Une pièce de 16 en bronze, sur affût peint en rouge; échelle du sixième.

9. Affût de place, sans pièce, grande roulette, garnitures en cuivre jaune; échelle du sixième.

10. Une charrette; garnitures en cuivre jaune; échelle du sixième.

11. Une pièce de 8 en bronze de campagne sur son affût; échelle du sixième.

12. Modèle de caisson d'obus, exécuté par le capitaine *Lenfant*, des ouvriers d'artillerie; échelle du sixième.

13. Projet de caisson, par M. *Berre* capitaine d'ouvriers, échelle du sixième.

14. Haquet à bateau, garnitures en cuivre jaune; échelle du sixième.

1. Tableau rassemblant des échantillons des états successifs de fabrication par lesquels passe la baïonnette avant d'être reçue.

2. Tableau des états successifs de fabrication de la lame à canon de fusil, de mousqueton ou de pistolet.

3. Tableau des états successifs de fabrication par lesquels passe la lame pour devenir canon fini de fusil, de mousqueton ou de pistolet.

4. Tableau rassemblant plusieurs canons d'armes à feu portatives, qui offrent quelque particularité. Ce sont : canons de canardières, canons à clapet, canons turcs, bouts en tulipe, etc.

5. Tableau des états successifs de fabrication des bois et baguettes d'armes à feu portatives.

6. Tableau des états successifs de fa-

5.

brication par lesquels passe la platine du modèle de 1816.

7. Tableau rassemblant grand nombre de platines différentes, anciennes et modernes, françaises et étrangères.

8 à 10. Tableaux des états successifs de fabrication par lesquels passent les garnitures des fusil, mousqueton et pistolet du modèle de 1816.

RETOUR ENTRE LES GALERIES N°s. 3 et 4.

Sur le parquet devant la croisée qui ouvre sur la place Saint-Thomas.

La pièce des princes. Canon en bronze, d'un calibre inférieur au 4, pesant environ 320 livres, monté sur affût et avant-train, avec armemens et coffret; le tout construit à Turin, en 1792, sous les yeux et pour l'instruction des princes français LL. AA. RR. monseigneur le duc d'Angoulème et monseigneur le duc de Berri.

Sur la volée de la pièce, dans un cartouche ciselé, lettres en relief, on lit cette inscription, en style lapidaire :

VICTORIO AMEDEO

PII, GRATI, OBSEQUENTISSIMIQUE

NEPOTES

MONUMENTUM ÆRE PERENNIUS,

SI QUA FATA ASPERA RUMPANT,

OLIM FORSAN OBLATURI

ENGOLISMATUM BITURICENSIUMQUE

DUCES,

DUM AUGUSTÆ-TAURINORUM DEGERENT,

PATRIAM FUGIENTES,

IBIQUE ARTIS BELLICÆ RUDIMENTIS

INFORMARENTUR.

REI BELLICO-TORMENTARIÆ PRÆFECTO

A DE SALUCES.

M. DCC. XCII.

GALERIE N°. IV.

On travaille à l'arrangement de cette galerie. Les principales collections qu'on y étalera sont celles dont suit l'indication sommaire :

1. Armes à feu demi-portatives, anciennes et modernes, telles que fusils de rempart, arquebuses à croc, etc.

2. Armes de hordes sauvages.

3. Poignards, couteaux, couteaux de chasse, etc., anciens et modernes.

4. Armes blanches modernes, françaises et étrangères, de différentes époques, avec leurs accessoires, tels que ceinturons, baudriers, etc.

5. Machines et instrumens servant à la construction, réception et vérification des armes blanches.

6. Machines et instrumens servant à la fabrication et à la réception des poudres de guerre.

7. Machines et instrumens servant à la confection des artifices de guerre, avec des modèles de ces artifices.

FIN.